Gottfried. [from old catalog] Worch, Gottfried Worch

Probe-Blätter zur künftig vollständigeren Ausgabe der Gedichte

Harfenspiel und Donnerschläge

Gottfried. [from old catalog] Worch, Gottfried Worch

Probe-Blätter zur künftig vollständigeren Ausgabe der Gedichte
Harfenspiel und Donnerschläge

ISBN/EAN: 9783743433366

Hergestellt in Europa, USA, Kanada, Australien, Japan

Cover: Foto ©ninafisch / pixelio.de

Manufactured and distributed by brebook publishing software (www.brebook.com)

Gottfried. [from old catalog] Worch, Gottfried Worch

Probe-Blätter zur künftig vollständigeren Ausgabe der Gedichte

Probe-Blätter

— zur —

künftig vollständigeren Ausgabe der Gedichte:

Harfenspiel und Donnerschläge

— von —

Gottfried Worch,

Naturdichter und Schneidermeister aus Deutschland.

Verfasser der, bei Trowitzsch u. Sohn 1852 zu Berlin, in zweiter Auflage erschienenen „Naturklänge."

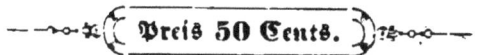
Preis 50 Cents.

Selbstverlag des Verfassers:

Broadway No. 1320, im Lokale bei Frank J. Pale,

St. Louis, Missouri,

1873.

Entered according to act of Congress, in the year 1873, by Gottfried Worch, in the office of the Librarian of Congress at Washington, D.C.

Vorwort.

Gern, sehr gern hätte ich den werthgeschätzten Pränumeranten und Subscribenten eine größere Zahl meiner in reichlicher Menge vorhandenen Gedichte geliefert; leider aber hinderten mich Umstände und Verhältnisse an der Ausführung.

Komme ich durch freundliche, günstige Aufnahme und mäßigen Erwerb, bei Ablieferung dieses Liederheftchens in kürzerer Zeit, oder doch vor'm Schlusse des Lebens, durch redliches Weiterstreben in eine etwas bessere Lage, dann werde ich mit Freuden das Fehlende nachbringen.

Jeder zum Gesang geborene Vogel, trägt von Natur den Drang in sich, zur eigenen Befriedigung mit Lieb' und Luft die leisesten Klänge aus der Brust heraufzuholen; so ist es wohl für uns Menschen ein gleicher und noch höherer Genuß, das aus dem Gemüthe Geschöpfte, anderen verwandten Herzen vollständig mitzutheilen.

Bei der ernsten und immer mehr wachsenden Gefahr, daß ich mein hier in Amerika mühsam erworbenes Eigenthum, zweihundert Acker schönes, und theils von mir cultivirtes Bitland*),

---

*) Meinen Freunden in Europa, denen die Bezeichnung „Bitland" unverständlich erscheint, zur Erklärung: Nach den Gesetzen der Union, um Unbemittelten es leicht zu machen, sich Eigenthum und einen heimathlichen Wirkungskreis zu verschaffen, wird der Acker (in Deutschland auch Morgen genannt) des unverkauften, zurückgebliebenen Congreßlandes, welches sonst 1½ Dollars gekostet, für einen Bit verkauft. Der hiesige Dollar enthält 8 Bit, und es hat Mancher, wenn auch nicht immer, für den geringen Preis vorzügliches Land erhalten.

verlieren könne, richtete ich vertrauensvoll nachstehende Worte an alle Freunde deutscher Sprache und Poesie, und hatte das Glück, günstigen Anklang zu finden. Auf immer zu Dank verpflichtet, theile ich in diesem kurzgefaßten Artikel die werthen Namen Derer die mir Hilfe leisteten, den geehrten Lesern mit, und stelle zur Erläuterung des G a n z e n, Folgendes hier bei:

Bescheidenes, höfliches Ersuchen.

Um die baldige Herausgabe eines vorläufigen Heftchens meiner älteren und neuen Gedichte zu ermöglichen, erbietet sich Jeder der hier nachfolgend Unterzeichneten, (da mir die materiellen Mittel fehlen, die Sache selbst auszuführen) vom Drucker, welcher das Geschäft vollbringt, sogleich beim Erscheinen derselben, zehn Exemplare, das Stück zum gestellten Preise von fünfzig Cents, anzunehmen, und gefälligst fünf Dollars dafür, in meinem Namen, entrichten zu wollen.

Alle Exemplare, welche durch erwähnte freundlichhelfende Hände, bei geschätzten Gönnern der Poesie, hier in der Hauptstadt des Westens, St. Louis, nicht gelegentlich abgesetzt werden können, besorge ich an meine geehrten, bereits zahlreichen Subscribenten hier wie auswärts auf dem Lande, und erstatte das für mich gütigst A u s g e l e g t e gern pflichtmäßig, und mit herzlichstem Danke zurück.

Nicht nur, daß ich die ernsten und heiteren kunstlosen „N a t u r k l ä n g e" wie einst in Deutschland, auch hier, besonders allen Herzen in Handwerker- und ländlichen Volkskreisen, zu benen ich mich, als Nichtgelehrter, zähle, mittheilen möchte, und mich beim angehenden Lebensherbste, auch in der deutsch-amerikanischen Heimath, unter meinen Stammgenossen, einer günstigen Aufnahme zu erfreuen, ist es mein innigster Wunsch, das längstbegonnene Vorhaben, der Herausgabe meiner Gedichte, in kürzester Zeit zu vollenden; damit ich durch den sicheren Ueberschuß, beim Verkauf der gedruckten Lieder, die verhältnißmäßig nur geringen Schulden, welche ich während einer schweren, langen Krankheit in St. Genevieve County, Missouri, auf mein Land machte, tilgen kann; und nach dem seelenvollen, wohlmeinenden Rathe des beliebten thüringischen Volksdichters Albert Träger, beglückt singen und handeln darf:

„Wenn du noch eine Heimath hast,
So nimm den Ranzen und den Stecken
Und wand're, wand're ohne Rast,
Bist du erreicht den theuren Flecken."

Von jeher trachtete ich nicht nach äußerem Glanze, oder geizte nach goldenen Bergen; dennoch hoffe ich das ersehnte Ziel zu erreichen, wieder ruhig und zufrieden im Urwalde, auf meinen romantischen, herrlichen Landhügeln, im Blockhäuschen, zwischen duftigen Blumen, immergrünen Cedern und schattigen Laubgehölze, wie sonst, einsam und frei von Sorgen zu wohnen, wo ich schon Grund urbar gemacht, Obstbäume und Reben gepflanzt; welche ich dann mit Lust und Fleiß auf's Neue stets warten und pflegen werde, Feldfrüchte und dergleichen bestelle, und dabei leicht so viel und darüber gewinne, was ich zur Existenz nöthig habe.

Die immerschaffende Natur, als Werkstätte eines ewig sich gleich bleibenden, unerforschlichen Geistes, regt nicht nur an zum Gesang, sondern mahnt auch Jeglichen thätig zu sein und mit zu helfen.

Früchte, die wir selbst aus ihrem unerschöpflichen Schooße mit Erfahrung und Kenntniß rufen, bereiten uns Freude und schmecken doppelt schön.

Am 1. August 1873.

Henry Schaub, No. 521 Pinestraße, $5.00.
H. Ahlemann, M. D., No. 521 Pinestraße, $5.00.
Frank J. Pale, No. 1320 Broadway, $5.00.
August Uthe, No. 1716½ Warnstraße, $5.00.
Herm. Külmer, No. 301 nördliche 2. Straße, $5.00.
John Homrighausen, No. 1503 Webster Avenue, $5.00.
Jacob M. Grün, No. 420 Marktstraße, $5.00.
Henry Hiemenz, sen., Ecke der 5. und Marktstraße, $5.00.
H. C. Schulze, M. D., No. 521 Pinestraße, $5.00.
Emil Preetorius, No. 116 Chesnutstraße, $5.00.

Nicht nur hoffentlich, sondern zuversichtlich, gestaltet sich der Horizont am deutschen Sängerhimmel hier in der neuen Heimath, zukünftig immer heller und schöner; und wir lassen Jung und Alt unsere Lieder mit ihren heiteren Melodien zwanglos hinaus in die Welt strömen.

Der Verfasser.

St. Louis, Missouri, am 22. September 1873.

Meinem hochgeschätzten Gönner,

dem würdigen Pionier Missouri's,

Hon. Friedrich Münch, (Far West,)

gewidmet.

Die Zeit verschwand. — Schon naht des Lebens Rest;
Grüßt, Liedlein, von mir Friedrich Münch, (Far West!)
   Erinn'rung, trägt der Wand'rer im Gemüth,
   Bis einst dem Blick die Sonne nicht mehr glüht;
Geschlechter nehmen Abschied — und ersteh'n,
Gleich Wolken — welche still vorübergeh'n. —

G. W.

An die Kritiker.

Nehmt Kritiker, die kleinen Lieder,
    Von mir, wie sie gewachsen sind;
Wägt richtig die Gedanken wieder,
    Und seid beim Urtheilsspruch gelind.

Mögt nicht zu streng die Sylben messen,
    Ich übte mich nicht in der Kunst;
In Prima hab' ich nicht gesessen,
    Deshalb bitt' ich um eure Gunst.

Der erste Ton, den ich gesungen,
    Erklang im Heimathsdörfchen*) dort;
Ich spielte mit den Bauerjungen,
    Und „L i e b e" war das Anfangswort.

Es soll auch einst das L e t z t e bleiben,
    Die Brust so voll, wird niemals leer;
Mit tausend Federn möcht' ich schreiben
    Für alle Freunde rings umher. —

---

*) Vatterode am Harz.

Gedanken über Entstehung der Sprachen und die Moses-Schöpfung.

(Am 21. März 1869.)

Zuerst sprach man durch Lachen und durch Weinen,
    Man fand im Anfang Sylb' auf Sylbe nur;
Sie ließen dann in Worte sich vereinen,
    Und so, entstand die Sprache von Natur.

Wohl schlafen ist die Erste schon gegangen —
    Wer weiß es? — In die Vorwelt dringt kein Blick;
Gesäng' und Reden, die seitdem erklangen,
    Erzählen uns das alte Weltgeschick.

Das Herz soll sich hiermit zufrieden geben,
    Es ist das Urvolk einmal nicht mehr da;
Und N i e m a n d kann deshalb den Schleier heben,
    Weil K e i n e r Aller Eltern Vater sah.

Wie immer E i n ' s durch's A n d ' r e wird geboren,
    Ging später Sprach' aus Sprache neu hervor;
Wie schön klingt Freundes Wort von Ohr' zu Ohren,
    Es richtet himmlisch das Gemüth empor.

Was Moses von der Schöpfung hat geschrieben,
    Ist Phantasie. — Er war ja nicht dabei!
Die Sach' ist etwas zu übertrieben,
    Dies sag' ich gerne Allen Menschen frei!

Er läßt erst Gott die Erde fertig bauen,
    Und nach drei Tagen Sonne, Mond und Stern;
Wie ging es wohl, im Anfang zuzuschauen,
    Wenn keine Sonne war in hoher Fern'? —

Auch konnte s i e den ersten Tag nur bringen;
    Denn ohne Sonne bildet sich kein Tag.
Man schweige doch von allen solchen Dingen;
    Mag's glauben in der Welt, wer's glauben mag! —

So läßt er Kain in die Fremde flüchten,
    Der alte Mann, und gibt ihm dort ein Weib;
Ja, Moses war nicht klug bei seinem Dichten,
    Er that es auch wohl blos zum Zeitvertreib!

Kain und Abel, Adams rechte Söhne,
    Sie waren in der Welt doch nur allein.
Am fernen Ort fand Kain eine Schöne;
    Demnach kann Eva nicht die Erste sein.

Und so geht's weiter, bis zu Noah's Kasten.
    Hier steht, bei'm Himmel, der Verstand uns still:

Man giebt dem kleinen Schiff zu große Lasten,
Und jetzt noch glaubt man an das Zauberspiel.

Die Moses-Schöpfung ist ein schön' Gemälde;
So groß und herrlich schuf's kaum Raphael!
Doch, weil Er nicht durchweg die Wahrheit wählte,
Ging unser alte Meister etwas fehl.

Vielleicht hat's auch die Nachwelt erst verdorben?
Die Sache ist in's Dunkel eingehüllt. —
Adam, Eva und Moses sind gestorben;
Wir sind für s i e mit Hochachtung erfüllt.

Der Urgeist — Gott — hat uns Verstand gegeben,
Es deckt ihn keine Kraft der Erde zu;
Wir wollen immer nach der Wahrheit streben
Und lassen allen Bilderkram in Ruh'.

Frühlingsabend.

Auf einem Felsen am Wipperthale.

(1828.)

> Motto:
> „Was den großen Ring bewohnet,
> Huldige der Sympathie!
> Zu den Sternen leitet sie,
> Wo der Unbekannte thronet."
> Schiller's Lied an die Freude.

Zwischen Biesenrode, Vatterode*)
Trägt mich der gewalt'ge Felsenbau.
Seine Massen glüh'n im Abendrothe,
Ueber ihn wölbt sich des Himmels Blau;
Zephyrlinde, süße Blumendüfte
Steigen aus dem Thal in diese Klüfte.
O mein Geist, sing' dankend Gott ein Lied,
Dem in Liebe jedes Blümchen glüht.

---

*) Zwei Dörfer in dem so romantisch-herrlichen Wipperthale, am Fuße des Harzgebirges, nahe der Stadt und dem Schlosse Mansfeld; Vatterode, Geburtsort des Verfassers, wo sich ihm in der Jugendzeit die reichste Gelegenheit bot, die Schönheit der Natur zu betrachten — und für's Gemüth, zur unauslöschlichen Erinnerung Bilder der Freude zu sammeln — Das erste Briefchen was selbiger als Antwort für ein Bändchen seiner, bereits im Jahr 1841 gedruckten Lieder, von Alexander v. Humboldt empfing, lautet:

„Ich sage Ihnen meinen innigen Dank für das freundliche Geschenk Ihrer Gedichte. Die liebliche Natur des Wipperthales hat gewiß Sie angeregt, Ihre Gefühle zu erhöhen und Ihr arbeitsames Leben, dem Sie mit Recht nicht entsagt haben, durch dichterische Versuche zu erheitern.

A. v Humboldt,
Berlin, den 27. März 1843.

Heilig, herrlich, weise, groß und mächtig
  Ist der güt'ge Schöpfer der Natur!
Alles schuf er liebreich, schön und prächtig,
  Unsichtbar bewohnt er Wald und Flur.
Durch ihn lacht die Sonne mild hernieder,
Bringt den Lenz nach Winterstürmen wieder;
  Ja, sie leuchtet dort in gold'ner Pracht,
  Bricht den Strahl und winkt uns: „Gute Nacht!"

Grüßt sie morgen uns denn auch auf's Neue? —
  Dies weißt du, der Blüthen schafft und bricht.
Ob ich mich des andern Tages freue,
  Weißt du Vater — ach! ich weiß es nicht. —
Wie der Wurm, der hier, von Staub umgeben
Klimmt bergauf, bergab: so ist das Leben
  Eines Menschen hier auf dieser Welt;
  Wie ein Blatt, das bald vom Baume fällt.

Aus des Chaos unermess'nem Grunde,
  Aus dem dunkeln, unerforschten Quell,
Hebt sich das Geschick zu jeder Stunde;
  Was es birgt, ist keinem Auge hell.
Von den Freunden, die wir kaum erst kennen,
Kann es uns in Kurzem wieder trennen.
  Nur Erinnerung tröstet dann das Herz,
  Und versüßet unsern bittern Schmerz.

Schaut mein Auge dort die stolzen Trümmer
    Mansfeld's Schlosses, das einst so belebt,
Wo jetzt nur der Ueberreste Schimmer
    Schaurig aus den Tannen sich erhebt.
So durchdringt ein Grausen meine Glieder,
Und es sinken meine Blicke nieder.
    Mahnend spricht sein altergraues Kleid,
    Mir ein ernstes Wort vom Schritt der Zeit.

Zeit, wo bist du? Traum, wo ist dein Schatten?
    Fliehet hin! Ihr ward, und seid nicht mehr. —
Mancher Fuß betrat schon jene Matten,
    Die jetzt öde liegen rings umher.
Gegenwart, trag' mich auf deinen Schwingen,
Laß mich Gottes Huld und Liebe singen!
    Weise leitet er den Gang der Zeit;
    Güte strömt durch Nacht und Ewigkeit.

Sei gelobt, o Schöpfer, sei gepriesen! —
    Deine Liebe ist unendlich groß.
Durch dich sinkt der Schatten auf die Wiesen,
    Durch dich fällt der Thau auf Laub und Moos.
Deine Allmacht zeigt des Himmels Bogen,
Der umarmend Berg und Thal umzogen:
    Alles ist ein Spiegel deiner Ehr',
    Von dem Punkt hier bis zum fernen Meer.

Nimm dies Opfer an aus meinen Händen,
Großes Wesen, Leben der Natur!
Dankend will ich mich zur Heimath wenden,
Hin ist schon der Tag, es ruht die Flur.
Lebet wohl, ihr lieben, schönen Felder!
Denket mein, ihr stillen, grünen Wälder!
Stets wird Gott für mich das Höchste sein;
Froh geh' ich zu meinem Dörfchen ein.

Mein erstes Gedicht.
An Gott.
(Vatterode, im Frühling 1820.)

Ewiger Gott, allmächtiger König und Vater!
Der K i n d h e i t ein Helfer, dem Alter ein Retter und
Rather;
Regiere mein Herz, Gedanken — die Sinne — und
Triebe, —
Daß ich das Böse verabscheu, dich aber stets liebe.

Vernunftglaube.
(St. Louis, Missouri, am 17. Sept. 1873.)

Ein heilighehrer Wille,
  Bewegt das große Rad;
Nicht ein Atom steht stille,
  Es wandelt seinen Pfad!

Das Sprossen, Blüh'n und Reifen
  Im Weltall, hört nicht auf;
Nicht läßt sich ganz begreifen
  Des Stromes tiefster Lauf.

Wir forschen — und wir sinnen —
  Im Reiche der Natur;
Und das, was wir gewinnen,
  Zeigt uns der Allmacht Spur.

Die Weisen sind gestorben;
  Es lebten schon genug. —
Der Glaube ist verdorben
  Durch finstern Lug und Trug.

Schön ist's, wenn über'm Meere,
  Die Lebenssonn' erwacht!
Dem Urgeist — Gott — sei Ehre
  Von Herzen dargebracht.

Der im unbegrenzten Weltall schaffende große Geist Gottes.

(Missouri, 1872.)

So lange dort die Sonne lachte,
Blüh'n Blumen ringsum auf der Welt;
Seitdem der Glaub' an Gott erwachte,
Sind wir als Menschen hochgestellt.

Ein Funken aus der ew'gen Lebenssonne,
Die über allen Sternen herrlich strahlt,
Ist uns're Seele. — Gott gab ihr die Wonne,
Daß sich sein Bild in den Gefühlen malt. —

Die Innen- und die Außenwelt sie wogen
Durch's weite All — im unhaltsamen Lauf;
Millionen Kreise faßt der Sternenbogen,
Und Wunder steigen aus der Urnacht auf.

Der Zweifler kann sein Urtheil nicht behaupten,
Ihm giebt dazu der Urgeist — Gott — kein Recht.
Die Wahrheit, welche Tausende schon glaubten,
Bewegt sich von Geschlechte zu Geschlecht.

Ein jeder Strom muß seine Quelle haben;
Von selbst entstand auch das Geringste nicht;
Und, wenn wir hierbei sinnend weiter graben,
Dann zeigt sich Gott — der große Geist — im Licht.

Dem Schöpfer.
(1847.)

Für dich, o Schöpfer, giebt es keine Ferne!
Die Ewigkeit ist deines Geistes Haus;
Dein Name strahlt im schönen Reich der Sterne,
Kein Sterblicher der Erde spricht Ihn aus.

Nach eig'ner Art mög' jeder zu dir beten,
Nie können Alle gleichen Auges seh'n;
Jedoch die Stimme der Vernunft zu tödten,
Darauf werd' ich mich nimmer einversteh'n;

Quell aller Welten! heilig, hehres Wesen!
Das lieb und ernst durch Sängerlippen spricht:
Was ich versteh', bot mir Natur zu lesen,
Es zu verkünden, halte ich für Pflicht.

Jesuiten.

Im Jahre 1847, vom Verfasser im Berliner Handwerker-Vereine vorgetragen.)

Liebe, Zorn und Wetterflammen,
  Heil'ge Kräfte der Natur,
Rauscht in Einen Guß zusammen,
  Tilgt vom Laster jede Spur!

Säubert, Freunde, alle Wege,
  Wo der Feind sein Zelt aufschlägt;
Seid beständig wach und rege,
  Daß Vernunft die Krone trägt.

Fort mit euch, ihr Jesuiten!
  Fort! der Wahrheit räumt das Feld;
Lange haben wir gelitten,
  Doch es tagt, der Schleier fällt!

Gottes Licht strahlt auf die Erde,
  Es durchdringt der Edeln Geist,
Auf daß Alles helle werde, —
  Eure Fahne, sie zerreißt!

Herzen sollen herzlich fühlen,
  Bosheit und Intriguen scheu'n,
Gern der Noth die Wange kühlen,
  Doch ihr doppelt noch die Pein.

Dieses stürzt euch selbst; — ihr richtet
  Gegen eure Brust den Speer;
Seht, wie sich die Wolke lichtet,
  Strafe trifft euch ernst und schwer.

Eures Wandels finst're Flecken
  Hat das Weltbuch aufbewahrt,
Enkel dadurch abzuschrecken,
  Wenn ihr Euch zusammenschaart.

Zieht hinweg aus Deutschlands Gauen,
  Kein Gerechter sieht euch gern!
Länder, die sich euch vertrauen,
  Tödten ihres Volkes Kern!

Jesuiten überall.
(St. Louis, Missouri, am 15. Juni 1873.)

Bei jeder Religion giebt's Jesuiten;
  Nicht bei den Katholiken nur allein. —
Vernunft hat mit dem Wahne stets gestritten;
  Der Glaube zeige sich stets fleckenrein. —

Gott ist Ein Geist, in Lieb' und Wahrheit betet
Den Ewigen, aus voller Seele an!*)
Wenn ihr hinaus in's Thal des Frühlings tretet,
Spricht die Natur mehr, als ich sagen kann. —

Die Glocke der Natur.
(1858.)

Das Herz ist einer Glocke gleich,
Mit hunderttausend Tönen;
Sie klingt gern lieblich, zart und weich,
Und kann wie Donner dröhnen.

Von freundlich sanfter Hand berührt,
Giebt sie die Antwort wieder;
Doch wer den Arm zum Schlage führt,
Den wirft ein Sturmklang nieder!

Laßt uns in Fried' und Eintracht nur
Zusammen glücklich leben;
Dann wird die Glocke der Natur
Das Echo wieder geben.

---

*) Worte des göttlich erhabenen Märtyrers Jesus Christus, in der Bibel. — Derselbe spricht gleichfalls, als großer Lehrer der Humanität, in der von ihm und seinen Jüngern gestifteten reinen Religion, heiliger Wahrheit und Liebe: „Segnet die Euch fluchen, thut wohl Denen die Euch hassen, und bittet für Die, so Euch beleidigen und verfolgen." Bis zu diesem Punkte möge sich die ganze Menschheit erheben; die vielen bitteren Streitigkeiten werden dann schwinde und der Weltfrieden sich mehr und mehr gestalten.

Bei der Todesnachricht
eines mir unvergeßlichen hohen Gönners, des großen
Alexander von Humboldt.

(Im Mai 1859.)

Schnell flog die ernste Trauerkunde
 Von Humboldt's Tode über's Meer;
Die ganze Menschheit fühlt die Wunde;
 Ach, der Verlust ist tief und schwer.

Sein Geist warf hohe Sonnenstrahlen,
 Nach allen Ländern in der Welt;
Er wußte die Natur zu malen,
 Wie sie der Schöpfer hingestellt!

Wir sind zu schwach, ihm Ruhm zu zollen,
 Jahrtausende hat er belehrt;
Der Strom der Zeit wird lange rollen,
 Eh' seines Gleichen wiederkehrt!

An Vatterode
und seine Umgebungen.

Trautes Dörfchen, wo ich einst geboren,
  Lieblich Thal dort in der Bäume Grün!
Gehst aus meinem Herzen nicht verloren,
  Immer mögen deine Fluren blüh'n!

Ja, ich wünsche, daß der Schmuck der Wiese
  Schöner sich mit jedem Lenz verjüngt;
Und der Fluß stets zu erfrischen fließe,
  Welcher sanft sich durch die Thäler schlingt.

Ewig senke sich auf deine Wälder
  Milder Thau, erquickend jedes Blatt;
Gottes Segen träuf'le auf die Felder,
  Wo mein Fuß stets froh gewandelt hat.

Am Grabe
meines braven, tapferen Vaters.
(1838.)

Die Wolken zieh'n im raschen Lauf vorüber —
 Ich weine wehmuthsvoll an deiner Gruft.
Mein schöner Lebenshimmel wölbt sich trüber,
 Es labt mich nicht der Blume süßer Duft,
Mein guter Vater, bleibst mir lieb und werth,
Hast treu geführt für's deutsche Land das Schwert!

Dort, wo am Wald die Silberwellen fließen,
 Ging ich als Kind an deiner Hand durch's Thal;
Mein Auge schwelgte auf den grünen Wiesen,
 Das Herz durchdrang der gold'nen Sonne Strahl.
Mein guter Vater, bleibst mir lieb und werth,
Hast treu geführt für's deutsche Land das Schwert!

O, sel'ger Geist! noch sei für mich dein Segen!
 Reich' mir die Hand, wenn mich das Schicksal schlägt.
Hebt sich ein Unglückssturm auf meinen Wegen,
 Hilf, daß es meine Seele kräftig trägt.
Mein guter Vater, bleibst mir lieb und werth,
Hast treu geführt für's deutsche Land das Schwert!

Für Wahrheit hast du jederzeit gestritten;
  Der Rosenstrauch beschirme nun dein Grab.
Wer so, wie du, auf dieser Welt gelitten,
  Geht ruhmgekrönt dahin am Pilgerstab.
Mein guter Vater, bleibst mir lieb und werth,
Haft treu geführt für's deutsche Land das Schwert!

━━━━━━

Der Gedanke
am Grabe meiner guten, lieben, entschlafenen Mutter.
(St. Louis, Missouri, am 19. September 1873.)

Lieb Mütterchen! auch deine Hülle
  Ruht schon im kühlen Erdengrab.
Mich führt noch des Geschickes Wille
  Im fernen Land, bergauf und ab.

Das Abschiedswort aus liebem Munde,
  Beim Händedruck: „Leb' wohl mein Sohn!"
Hör' ich noch in der letzten Stunde;
  Niemals verhallt der Herzenston.

Sangst einst auch deine Jugendlieder
  Kunstlos, gleich mir, auf Flur und Au';
Im Geist' seh' ich dein Auge wieder;
  Warst eine deutsche, edle Frau.

Wer dich gekannt — versteht die Klagen,
Sie schweben hin von Port zu Port. —
Will treu in mir dein Bildniß tragen,
Es lebt in meiner Seele fort.

An das Bäumchen
auf dem Grabe meines Bruders Karl.
(Im April 1826.)

Bäumchen grüne auf dem Grabe,
Wo mein einz'ger Bruder ruht,
Den ich früh verloren habe;
Schirme es vor Sonnengluth.

Bist von meiner Hand erzogen,
Pflanzte dich einst an den Ort; —
Scheuche alle Sturmeswogen,
Von dem theuren Hügel fort.

Sanft schläft er im kühlen Schooße,
Seine Lippen sind erblaßt;
Laß' ihn schlummern unter'm Moose,
Den mein Lieben stets umfaßt.

Sein getreues Herz voll Güte,
Es schwieg still — und schlägt nicht mehr;
Knickt die Blum' in voller Blüthe,
Allen Freunden schmerzt es sehr!

Meiner kleinen entschlafenen Schwester Karoline.

(Im März 1835.)

Ich sollte sie nicht wiedersehen, —
Sie küßte liebend mir die Hand,
Als ich bereit war fortzugehen,
Und sie noch weinend vor mir stand.

Leb', Bruder, wohl! so sprach sie denkend,
Zur Erde senkte sich ihr Blick;
Ich meine Schritte weiter lenkend,
Kam, Schwesterchen, dir nie zurück.

Du starbst. — Wenn ich zu Hause wäre,
Nicht fern mit meinem Wanderstab,
Ich pflanzte, Theure, dir zur Ehre,
Dann zarte Veilchen auf dein Grab.

Es sollt' ihr Duft die Abendwinde,
Wie Reiz der Liebe mild durchweh'n;
Ruh' sanft, bis ich dich wiederfinde,
Dort in den heil'gen Himmelshöh'n.

Meinem mir unvergeßlichen Gönner
Herrn Dr. W. Z.
in der deutschen Hauptstadt Berlin,
für viele mir erwiesene hilfreiche Freundschaft, und zur herzlichen Erinnerung an verschwundene frohe Stunden.

Die Freude die Sie mir bereiten,
Durchdringet meine Seele ganz;
Sie hilft mit Macht die Feder leiten:
Es blüh' für Sie ein Lorbeerkranz!

Louis Napoleon,
der zum Unglück seiner Nation gewesene **Dritte**, und die nach dem Wunsche des Zeitgeistes streng gerecht richtende Nemesis.
Glückliche Rückerinnerung der Deutsch-Amerikaner an das große Siegesjahr der Germanen, 1870, in Europa.

Der Stolz in der Welt strebt nach Oben,
Und trachtet nach äußerem Glanz!
Viel, die sich mit Ruhmsucht erhoben,
Zerbrachen die Beine bei'm Tanz.

Der Zeitgeist schreibt ernst die Geschichte
　Zum Heil für die Nachwelt, in's Buch.
Die Nemesis lenkt die Gerichte,
　Kein Sterblicher ändert den Spruch.

Napoleon stürzte vom Throne!
　Und hinkte von Lande zu Land;
Verloren ging Scepter und Krone —
　Zu spät hat das Volk ihn erkannt.

Wer Freunde — und Feinde — belogen,
　Ist werth, daß sein Glücksstern erbleicht;
Sich s e l b s t hat er endlich betrogen,
　Dies ward ihm von Helden gezeigt.

Es streiten jetzt andere Geister —
　Der Kaiser von Deutschland hält Wort;
Bismarck, als erhabener Meister,
　Empfängt von Freund Moltke Rapport.

Sie wirken — und schaffen — zusammen,
　Mit Umsicht und hellem Verstand;
Die Herzen der Krieger entflammen,
　Zu retten die Ehr' und das Land.

Es zogen Germania's Söhne
　Muthvoll in den blutigen Strauß;

Und trugen mit Jubelgetöne,
  Den Lorbeerkranz siegreich nach Haus.

Pflanzt um der Gefallenen Grüfte
  Ein Blumenfeld lieblich und schön!
Und athmet die herrlichen Düfte,
  Daß Kummer und Schmerzen vergeh'n.

„Klagt nicht mehr — das Ziel ist errungen!"
  Tönt's leis' aus der Erde empor.
„Wir haben einst mit Euch gesungen,
  Und sind noch, als Engel, im Chor."

„Bei'm Feste, mit strahlenden Kerzen,
  Stoßt fröhlich, wie sonst, mit uns an!
Ein Bild von uns grabt in die Herzen:
  Nehmt Euch der Verlassenen an!"

„Der Hochmuth und Stolz sind vernichtet;
  Traf uns auch der Tod im Gefecht!
Wir haben e i n D e n k m a l errichtet —
  Für's ganze Germanen=Geschlecht!"

Deutschland wird sich nie wieder trennen;
  E i n G e i s t dringt durch Seele und Mark!
Die Völker die Freiheit erkennen,
  Sind jederzeit groß — und auch stark!

Ordnung und Gesetz laßt regieren,
　Nur kurze Zeit herrscht Despotie.
„Vernunft soll das Oberhaupt zieren!"
　Spricht treue Natur-Poesie.

Wir legen die Waffen jetzt nieder;
　Kein Haß in der Brust soll besteh'n.
Die Palme des Friedens grünt wieder,
　Sie blühe Jahrtausende schön!

Nur **Einigkeit, Würde und Liebe**
　Beglücken das Menschengeschlecht;
Im tosenden Wellengetriebe
　Verliert nie der Zeitgeist sein Recht!

Er ruhet beim Volk im Gemüthe,
　Schätzt Edelmuth, Weisheit und Licht!
Wir schwingen die Banner und Hüte;
　Vergeßt uns im Vaterland nicht!

Bei der Todesnachricht
Louis Napoleons.*)
(St Louis, Missouri, im Januar 1873.)

Viel Blut und Thränen sind geflossen,
Eh' Er den Staatsstreich hat vollbracht.
Das Herz ist kalt — der Blick geschlossen;
Zu stark war Ihm am Rhein die Wacht.

In Frieden möge Er jetzt schlafen,
Herabgestürzt — von Frankreich's Thron!
Die Schicksalsschläge, die Ihn trafen,
Erfolgten als gerechter Lohn.

Es darf sich Niemand stolz erheben
Durch Heuchelei, Betrug und List;
Doch Feinden s e l b s t soll man vergeben,
Wenn ihre Macht gebrochen ist.

Die Früchte keimen aus den Samen —
D'rum handle Jeder, wie er spricht!
Der Stern des Ruhms schmückt Heldennamen,
Napoleon erwarb ihn nicht.

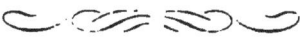

*) Abgedruckt in den „Mississippi Blättern" vom 19. Januar 1873.

Uebermuth und Herzensklage.

(Nach Mittheilungen der St. Louiser „Westl. Post" aus europäischen Zeitungen.)

I.
Herzensklage
eines französischen Soldaten, als man ihm in den Tempelhofer Baracken bei Berlin, seine schwerverwundete rechte Hand abgenommen.

Die rechte Hand! — Sie ging im Kampf verloren; —
Es ist gescheh'n. — Bist noch des Kusses werth!
Die gute Mutter weint, die mich geboren;
Treu hab' ich sie mit d i e s e r H a n d ernährt.

Es möge Gott zur Tröstung, Engel senden!
Helft, Leute, bei dem Unglück, wenn es geht? —
Mit Ruhe laßt mich still das Haupt umwenden
Im Glauben, daß die Welt den Schmerz versteht.

II.
Napoleon's Triumph-Botschaft an Eugenie,
als der Prinz, ohne Furcht zu zeigen, auf dem Schlachtfelde Kugeln aufgelesen.

„Unser Louis hat heute die Feuertaufe erhalten!"

Napoleon III.

Der berühmten Sängerin Jenny Lind, bei ihrem Wiederauftreten
in Berlin als:

„Norma."
(Im November 1845.)

Sei uns auf's Neu willkommen! deine Lieder
   Verhallten leis', doch die Erinn'rung blieb;
Ergötze wunderbar die Herzen wieder,
   Sing' Ernst und Zorn, sing' Wehmuth sanft und lieb

In Tönen ruht der Himmel aller Seelen,
   Gesang ist dem Gemüthe Seligkeit!
Natur und Kunst wird nie den Sieg verfehlen,
   Hier schwindet Mißgunst: Kränze bringt der Neid!

Die Lieder.
Meinem lieben Gönner, dem dänischen Dichter
H. C. Andersen.*)

Die Lieder, sie blühen und steigen
   Mit Wonnegefühl aus der Brust;
Es sind die Gebilde der Seele,
   Verkünden das Leid und die Lust.

---

*) Mit herzlich dankbarer Gesinnung für die in seinem: „Märchen meines Lebens ohne Dichtung", erschienen Leipzig 1847 bei Carl B Lorck. über mich so freundlich gesprochenen Worte. — In der ersten Auflage, Seite 114 bis 116, in der zweiten Auflage, Seite 204.

Sie klagen der Liebe die Liebe,
Und tragen den Gruß in die Fern';
Entschweben weit über die Wolken
Zu Sonn' und zu Mond und zu Stern!

Gesang zieht von Herzen zu Herzen,
Der Harfe harmonischer Klang
Verscheucht uns're bitteren Schmerzen,
Und findet zum Freunde den Gang.

Die Rose im Garten verblühte; —
Der Herbst naht — und klein ist mein Strauß!
Erinn'rung ruht tief im Gemüthe
Und löscht mit dem Leben erst aus.

Der hochgeschätzten Dichterin H. R.
in Berlin,
zur unauslöschlichen und freundlichen Erinnerung.

I.

Dir gebührt Ruhm,
Herrliche Sängerin!
Lieblich blieb der Nachhall
Deines Gesangs in meinem Herzen.

II.

So mild und zart, wie Aeolsharfen klingen,
 Ertönet deine Himmelspoesie;
Weißt dich zum Sternenmeer emporzuschwingen,
 Dein ganz Gemüth ist Liederharmonie!

Mit Freuden rühr' ich leis' der Harfe Saite,
 Zu singen deiner schönen Seele werth!
Ein guter Engel sei's, der dich geleite,
 So oft der Tag am Himmel wiederkehrt.

Der Dichtung göttlich wundervolles Glühen,
 Ist hier auf Erden unser höchstes Gut!
Die Blumen, welche aus der Brust erblühen,
 Sie duften reiner Freundschaft Wonnegluth.

Dies schlichte Liedchen, innigtreu empfunden,
 Sei herzlich zur Erinn'rung dargebracht;
Ich denke dein so gern zu allen Stunden,
 Bei'm letzten Sonnenblick noch: Gute Nacht!

Frühlingsbilder des Gemüths.

(Monat Mai 1871.)

Sinnend geh' ich gern alleine
Ueber Berg und Flur;
Ruhe aus im Frühlingshaine,
Schön ist die Natur!

Geist und Herz woll'n Freiheit haben,
Unter Druck und Zwang
Sind wir wie in Nacht begraben,
Glück schafft der Gesang!

Seht, wie sich von Zweig' zu Zweigen,
Froh der Vogel schwingt!
Baum und Büsche sind sein Eigen,
Und das Lied erklingt.

Heiter regen sich die Schwingen,
Alles blüht und strahlt!
Hier läßt sich's von Herzen singen,
Was die Seele malt.

Heil'ge Bilder im Gemüthe,
Aus vergang'ner Zeit,
Schaffen, wie des Baumes Blüthe,
Wonn' und Seligkeit!

Liebe Augen seh' ich leuchten,
  Die mich einst gegrüßt;
Wo die Lippen schon erbleichten,
  Und kein Blut mehr fließt.

Wenn ich mich so innig sehne
  Hin — nach manchem Grab —
Trockn' ich still die Wehmuthsthräne,
  Von der Wange ab.

Engel Gottes, regt die Flügel;
  Schirmt der Freunde Gruft!
Und ich streue auf die Hügel
  Blumen voller Duft.

———o∞o———

Wiederhall.
(1850.)

Alles Schöne, Edle, Große
  Bleibt im unbegrenzten All;
Klänge, die der Brust entströmen,
  Leben fort im Wiederhall.

Wahre Freundschaft, Lieb' und Güte,
  Sind des Dichters höchster Lohn;

Blümlein zart sind seine Schätze,
Und ein Berg sein Sängerthron.

Stolz, doch allezeit bescheiden,
Blickt er über Thal und Flur;
Eine Freudenthrän' im Auge,
Gilt dem U r g e i st der Natur.

Festgedicht*)

zur fröhlichen Feier beim Umzuge der Göthe-Loge No. 158, D. O. H., nach der
größeren, neuen Versammlungshalle, am 27. März 1873.
St. Louis, Mo.

Mel.: "Wir Menschen sind ja alle Brüder ꝛc.

Vereint im Göthe-Logen-Saale,
Erhebt die Stimme zum Gesang!
Greift, Freunde, froh nach dem Pokale,
Stoßt an, es töne Klang auf Klang!
Reicht Euch die treue deutsche Hand,
Ein "H o ch!" dem neuen Heimathland!

Folgt stets dem edeln Herzenstriebe;
Vorwärts mit Muth und Heiterkeit!

---
*) Gleich nachfolgendem Gedichte, abgedruckt in dem zu Reading, Pennsylvanien, erscheinenden Wochenblatte: "Die deutsche Eiche", Organ des Harugari-Ordens, vom 30. Juli 1873.

Freundschaft, Humanität und Liebe,
  Sei unser Wahlspruch allezeit.
Reicht euch die treue, deutsche Hand,
  Ein „H o ch!" dem neuen Heimathland!

Hinweg mit Trug und finster'm Wahne,
  V e r n u n f t und G l a u b e sei vereint;
Zum Himmel schwingt die Freiheitsfahne,
  Wo klar die Sonne Gottes scheint!
Reicht euch die treue deutsche Hand,
  Ein „H o ch!" dem neuen Heimathland!

Die letzten Worte Göthe's klangen:
  „M e h r L i c h t!" die Seele ruft sie nach;
Der große Geist ist heimgegangen —
  In allen Kreisen werd' es Tag.
Reicht euch die treue, deutsche Hand,
  Ein „H o ch!" dem neuen Heimathland!

Es sollen deutsche Sprach' und Sitte,
  In dem Vereine fortbesteh'n;
Nur Eintracht thron' in uns'rer Mitte,
  So lange sich die Sterne dreh'n.
Reicht euch die treue, deutsche Hand,
  Ein „H o ch!" dem neuen Heimathland!

Freundschaftslied,

zum heiteren Frühlingsfeste des „deutschen Ordens der Harugari", im Lindell-Park, am Sonntag, den 18. Mai 1873.

St. Louis, Mo.

Mel.: „Denkst Du daran, mein tapf'rer Lagienka ꝛc."

Zum Frühlingsfeste sind wir ausgezogen,
Als Stammgenossen, heut' in großer Zahl!
Der Seele frohe Herzenstöne wogen
Aus voller Brust, hin über Berg und Thal.
Treu und gerecht soll unser Handel sein,
Singt heit're Lieder jubelnd im Verein.

Empor zum Himmel schwingt die Sternenfahne!
Bringt insgesammt ein H o c h der Union!
Der Mensch sei frei von jedem finstern Wahne;
Wahrheit weicht nicht vom starken Felsenthron.
Treu und gerecht soll unser Handeln sein,
Singt heit're Lieder jubelnd im Verein.

Die ganze Welt mög' uns're Klänge hören!
Als Freunde streben wir nach einem Ziel,
Den Urgeist — Gott — allein woll'n wir verehren
Und unser Glaube sei kein Kinderspiel.
Treu und gerecht soll unser Handeln sein,
Singt heit're Lieder jubelnd im Verein.

Im alten Vaterland, das wir noch lieben,
　Theilt man das Volk in zu viel Stände ein;
Der Hang nach Freiheit hat uns fortgetrieben,
　Sie gilt uns als erhab'ner Sonnenschein!
Treu und gerecht soll unser Handeln sein,
Singt heit're Lieder jubelnd im Verein.

Vom Schlaf' erwacht, die Blumen, Büsch' und Bäume
　Schau'n uns in stolzer Pracht so freundlich an!
Der Geist senkt sich in frohe Jugendträume,
　Ein Glück, das keine Lippe sagen kann.
Treu und gerecht soll unser Handeln sein,
Singt heit're Lieder jubelnd im Verein.

Wie auch Fortuna's Würfel künftig rollen?
　Der Horizont ringsum bleibt klar und schön! —
Freundschaft, Humanität und Liebe sollen
　Im Harugari-Orden fortbesteh'n.
Treu und gerecht soll unser Handeln sein,
Singt deutsche Lieder jubelnd im Verein!

Lieb' und Freundschaft.
Deutsch = amerikanisches Gesellschaftslied.
(Verfaßt am 4. Juli 1871.)

Zu heiterem Gesange,
  Sind wir im Kreis' vereint;
Es tönt von allen Lippen,
  Wie es die Seele meint.

Nur Lieb' ist's, wahre Liebe,
  Die sich im Herzen regt,
Wenn uns das Glück der Freundschaft
  Auf seinen Flügeln trägt.

Wie Sonne, Mond und Sterne
  Im Weltall froh sich dreh'n,
Klingt Lieb' und Sang so gerne!
  Weit über Bergeshöh'n.

Die Liebe findet Ruhe,
  Als Gast, im kleinsten Zelt;
Ihr Gruß gilt Arm' und Reichen,
  Hier auf der ganzen Welt.

Wo Herzen sind beisammen,
  Fühlt Liebe sich zu Haus,

Es löschen Meeresfluthen,
Nicht ihre Flammen aus.

Sie blickt beim Blumensuchen
Auf Gottes schöner Flur,
Nicht auf den Glanz der Farben;
Die Düfte gelten nur.

Der höh're Werth der Seele,
Ruht im Gemüth allein;
So, wie die Worte klingen,
Soll'n auch die Thaten sein.

Wo Lieb' und Freundschaft walten,
Thront Frieden jederzeit;
Und heit're Augen grüßen
Uns voller Seligkeit.

Die Liebe ist das Höchste
Auf diesem Erdenrund;
Sie giebt sich treu und herzlich
Im Klang' des Liedes kund.

Fest, wie die d e u t s c h e E i c h e,
Auf Felsengrunde steht,
Woll'n wir zusammenhalten,
In Freundschaft, früh und spät.

Nach Vaterland's Gebrauche,
Drückt herzlich euch die Hand!
Ein Gruß, von uns Germanen,
Sei über's Meer gesandt.

Unionsgesang.

Vom Verfasser vorgetragen zur Einweihung der Unionsflagge, bei der Wohnung seines Freundes, Valentin Rottler, am 4. Juli 1862.

Mel: „Denkst du daran mein tapf'rer Lagienka ꝛc."

Wir haben für die Union geschworen,
Vernunft und Freiheit sind ein heilig Recht!
So mancher Bruder ging im Kampf verloren,
Viel' Tausend eilten muthvoll zum Gefecht.
Wer hat den bitter'n Völkerstreit begonnen?
Die Gegner, welche grundlos sich getrennt;
Jetzt ist der Sieg, der große Sieg, gewonnen!
Schwingt hoch die Fahn' empor zum Firmament!

Gleich wie der stärkste Baum mit schönen Zweigen,
Bestand der Staatenbund von Jahr zu Jahr;
Es konnte ihn kein Sturm von außen beugen,
Der Himmel über uns war hell und klar!

Wer hat den bitter'n Völkerstreit begonnen?
  Die Gegner, welche grundlos sich getrennt;
Jetzt ist der Sieg, der große Sieg, gewonnen!
  Schwingt hoch die Fahn' empor zum Firmament!

Durch Washington und seine Kampfgenossen,
  Entstand die Republik zu unserm Glück!
Die Helden haben längst den Blick geschlossen —
  Nur e i n m a l wünschten wir sie noch zurück! —
Wer hat den bitter'n Völkerstreit begonnen?
  Die Gegner, welche grundlos sich getrennt;
Jetzt ist der Sieg, der große Sieg, gewonnen!
  Schwingt hoch die Fahn' empor zum Firmament!

Ob auch die nächsten Freunde uns verlassen,
  Und gingen mit Rebellen Hand in Hand;
Wir woll'n die Irrenden deshalb nicht hassen,
  Die Sache nur, der sie sich zugewandt;
Wer hat den bitter'n Völkerstreit begonnen?
  Die Gegner, welche grundlos sich getrennt;
Jetzt ist der Sieg, der große Sieg, gewonnen!
  Schwingt hoch die Fahn' empor zum Firmament!

Der Eid, den wir mit Herz und Mund gesprochen,
  Trägt uns auf Flügeln über Berg und Kluft;
Und ist das Auge sterbend einst gebrochen —
  Dann pflanzt ein Freiheitsbanner auf die Gruft.

Wer hat den bitter'n Völkerstreit begonnen?
Die Gegner, welche grundlos sich getrennt;
Jetzt ist der Sieg, der große Sieg, gewonnen!
Schwingt hoch die Fahn' empor zum Firmament!

Im Namen sämmtlicher Unionsfreunde der
deutschen Niederlassung New-Offenburg,
St. Genieve County, Missouri.

Anmerkung. Vorstehendes Gedicht ward zuerst abgedruckt in der Wochen-Ausgabe der St. Louiser „Westl. Post" vom 11. Febr. 1863, unter der Redaktion des so edeln und humanen, stets für wahres Menschenrecht kämpfenden deutschen Mannes, Theodor Olshausen, welcher leider für Alle, die ihn persönlich gekannt, oder auch nur handelnd das Glück hatten, mit ihm in Berührung zu kommen, zu früh im alten uns auf immer werthbleibenden Vaterlande, das freie Auge sterbend schloß — und seine thatenreiche irdische Laufbahn vollendete. Damit der „Unionsgesang" auch für die Gegenwart paßt, hat der Verfasser wenige Worte geändert.

Jubelklänge,

aller freiheitsliebenden Deutsch-Amerikaner, nach gewonnenem Unionssiege.
(Missouri, 1864.)

Was fragt das Herz nach äußer'm Glanze?
    Ruht nur Gesang in froher Brust;
Dann wähnt es sich im Blumenkranze!
    Kaum sind wir uns des Glücks bewußt.

Wahrhaftgetreue, deutsche Brüder,
    Und Schwestern, aus Germanenland!
Erhebt die Stimm' und singet Lieder,
    Es klinge bis zum Meeresstrand.

Viel Tausend Streiter sind gefallen
    Im Kampfe für die Republik!
Laßt Dankgesänge laut erschallen,
    Sie gründeten der Menschheit Glück.

Zerbrochen ist die Sklavenkette;
    Schmückt Lincoln's stille Todtengruft!
Streu't auf die Heldenruhestätte,
    Die schönsten Blumen voller Duft.

Wer für die Union gefochten,
    Sei von uns Allen hochgeehrt!
Die Lorbeerkronen sind geflochten —
    Den Tapferen gehört der Werth!

Ergreift das Glas und trinkt: „Es lebe
  Die Freiheit in der ganzen Welt!"
Ein heil'ger Friedensengel schwebe
  Mit Liebe in das kleinste Zelt.

Schwingt hoch das Banner in die Lüfte!
  Reicht euch die Händ' in Nord und Süd!
Es töne über Berg und Klüfte:
  „Kein Funken Haß sei im Gemüth!"

Nur Einigkeit erhält die Staaten;
  Der Feind von außen schreckt zurück!
Man kennt des Landes große Thaten,
  Amerika bewahrt sein Glück.

Der neuen Heimath weite Felder,
  Laßt uns mit Fleiß und Lust bebau'n;
Gesang durchschallt die alten Wälder,
  Wenn wir vom Felsenberge schau'n. —

Dem deutschen, lieben Vaterlande,
  Gilt noch der volle Herzensgruß!
Erinnerung an euch Verwandte
  Erlöscht nicht, bis zum Lebensschluß.

Neues Freundschaftslied,

zur festlichen Feier des Germania-Vereins in New Offenburg, St. Genevieve County, Missouri, am 4. Juli 1873.

———

Mel.: „Wir Menschen sind ja alle Brüder ꝛc."

Viel Jahre sind heut' schon vergangen,
   Und der Verein that seine Pflicht;
Doch, Freunde, welche mit uns sangen,
   Seh'n wir im frohen Kreise nicht.
Sie schlafen sanft in Fried' und Ruh'
Ihr Auge schloß sich sterbend zu.

Geschlechter kommen — und vergehen; —
   Den Wand'rer treibt die Woge fort!
Das höchste Glück, ist „W i e d e r s e h e n!"
   Am liebgeword'nen Heimathsort.
Ist's Herz gemüthvoll, sanft und weich,
Dann sind sich alle Menschen gleich.

Ein „H o c h!" der deutschen Muttersprache!
   Vergnügt sei unser Glas geleert!
Bishin zum letzten Lebenstage
   Bleibt sie uns heilig, lieb und werth!
Huldreich lenkt Gott des Volk's Geschick;
Frei zeigt sich des Germanen Blick!

Die Wolken müssen weiter fliegen —
 Das Licht der Sonne bricht sich Bahn!
Beständig wird die Wahrheit siegen,
 Unrecht sei nie von uns gethan.
Die deutschen Lieder klingen schön:
 "Germania soll fortbesteh'n!"

Bei Betrachtung
des neuen Courthaus-Gebäudes in Warrenton, Missouri.
(1870)

Dort steht das Courthaus schön wie hingegossen,
 Als herrlich Kunstwerk schmückt es Warrenton!
Die Reden mancherlei Parteigenossen,
 Hört jetzt darin — im Geist — der Sänger schon.

Es siege in dem würdigen Gebäude
 Auf immer, nur die Wahrheit und das Recht!
Für alles Schön' und Edle blühe Freude,
 Freiheit genieße jegliches Geschlecht.

Noch eine Uhr fehlt auf der heiter'n Spitze,
 Die uns der Daseinsstunden Fortschritt zeigt;
Gedanken wirkt — und schafft — wie starke Blitze!
 Daß endlich alles Unrecht stirbt — und schweigt.

Ein gut und fühlend Herz gehört zumAnder'n,
Wir athmen Alle Gottes Sonnenstrahl!
Laßt uns in Lust und Liebe weiter wander'n
Durch Blumen, über Felder, Berg und Thal.

Kleines Gesellschaftslied,
zur Erheiterung für Jung und Alt.
(St Louis, Missouri, 1872.)

Was hilft's, wenn wir uns ängstlich grämen,
Was morgen wird für Wetter sein?
Wir woll'n, was kommt, gemüthlich nehmen,
Sei's Nacht — Sturm — oder Sonnenschein.

Greift Freunde, greift flink nach dem Glase!
Die Blume, sie verduftet bald! —
Probirt die Schönheit mit der Nase,
Hier zeigt sich der Natur Gewalt.

Laßt uns die schwachen Nerven stärken,
Trinkt aus — und schenkt bald wieder ein!
Doch, wenn wir zu viel Feuer merken,
Läßt Jeder klug das Trinken sein.

Gott selbst hat uns den Wein gegeben,
Beim Vater Noah fing er an;
D'rauf pflanzte auch die Nachwelt Reben,
Wie es die Schrift beweisen kann.

Noah bleibt stets im Angedenken,
Er hat den höchsten Ruhm erreicht;
Vergnügt woll'n wir die Hüte schwenken,
Die Erde deck' ihn sanft und leicht!

Jacob M. Grün's

reichhaltiger Weinkeller in der Marktstraße No. 420,

St. Louis, Mo.

Des Weines Blume, Duft und Glüh'n,
Tilgt jedes Schwermuthsfieber;
Ihr findet ihn bei Jacob Grün,
Dem Courthaus gegenüber.

Wer jemals Grillen schon besaß,
Der hat sie hier vertrunken;
Es perlt der Rebensaft im Glas
So klar wie Silberfunken.

420 Marketstraß'
Steigt froh die Trepp' hinunter;
Seit Vater Noah, prangt im Glas
Kein herrlich größ'res Wunder.

Von allen Sorten findet man
Im traulichen Lokale;
Stoßt, Freunde, stoßet heiter an!
Und schlürft aus dem Pokale.

Ein wahrhaft redliches Gemüth,
Soll jeder Trinker haben;
So lang' ein Stern am Himmel glüht,
Darf sich die Seele laben.

Hier schätzt und ehrt man jeden Gast,
Woher er möge kommen;
Wenn er nur zur Gesellschaft paßt,
Genau wird Nichts genommen.

Das Blut soll leicht und sorgenlos,
Durch uns're Adern fließen;
Wir können in der Erde Schooß
Dereinst, nichts mehr genießen.

Auch Damen, welche es versteh'n
Vom Traubensaft zu nippen,

Sie werden von uns gern geseh'n,
   Mit ihren zarten Lippen.

Gleich Männern, haben sie das Recht
   Zu trinken und zu singen;
Laßt für das schönere Geschlecht
   Ringsum die Gläser klingen!

Jedoch der Wortkampf — Sturm und Streit —
   Für's Land, sind uns're Sachen;
Die Holden mögen in der Zeit,
   Den Heimathsheerd bewachen.

Wir schätzen Amor und Apoll,
   Gott Bachus darf nicht fehlen!
Das vielgepries'ne Kleeblatt soll
   Vom besten Fasse wählen.

Schenkt lustig ein und singt im Chor,
   Kein Tröpflein gießt daneben;
Schwingt eure Hüte hoch empor:
   „Die U n i o n soll leben!"

Meine Wünsche.
(1828.)

Wo die Unschuld weinet, möcht' ich wissen,
Um zu helfen ihr mit meiner Hand;
Jedes grüne Blättchen möcht' ich küssen,
Bleiben stets bei meinem Handwerksstand!

Schlicht und Recht sei immerfort mein Leben,
Reichthum, gold'nen Reichthum wünsch' ich nicht;
Will das Letzte noch den Aermern geben,
Wenn nur Liebe freundlich zu mir spricht.

Das Bild der Liebe.
(1850.)

„Ich lieb' den Freund, fest wie die Berge steh'n!"
H. C. Andersen.

Hin durch des Baumes Blüthen
   Spielt leis' der Abendwind;
Er säuselt: Liebe! Liebe!
   Es klingt so sanft, so lind.

Die Blumen, ach! sie nicken
   Ihr herzlich, stilles „Ja!"

Wohin ich auch mag blicken,
  Die Lieb', die Lieb' ist da,

Ihr himmlisch Bild zu schauen,
  Lacht mir der Hoffnung Stern;
Mit innigem Vertrauen
  Trink' ich die Strahlen gern.

Ich trinke sie und fühle,
  Daß reine Götterlust
In meinen Adern zittert,
  Ein Meer wogt in der Brust.

Es ist die Gluth, die heiße,
  Sie flammt bis hin an's Grab;
Lieb bleibt mir jedes Kindchen,
  Das gern die Hand mir gab.

Zieh' ferner durch die Blüthen,
  O Abendwind, so mild!
Nickt, Blumen, nicket weiter,
  Malt zart der Liebe Bild.

Dir Harz, dir, liebe Heimath,
  Dir töne wärmster Dank;
Dein Wald war meine Schule,
  Du lehrtest den Gesang.

Will singen, freudig singen,
  Bis letztes Abendroth
Mir stillen Gruß wird bringen,
  Möcht' singen noch im Tod.

Im Hain.
(1830)

Bin arm, doch ohne Sorgen,
  Kein Unfall trübt mein Glück;
Erwache jeden Morgen
  Mit immer heiter'm Blick.

Hier, wo im trauten Haine
  Durch's Thal das Bächlein rauscht,
Saß oftmals ich alleine
  Und habe froh gelauscht.

Es tönen tausend Lieder,
  Zum Himmel hoch empor;
Das Echo giebt sie wieder,
  Es singt der Vögel Chor.

Des Waldes Musikanten,
  Sie freu'n des Lebens sich;

Zieh'n fort von Land zu Landen,
Und sind so reich als ich.

Was hilft wohl eitle Ehre?
So wenig als das Gold!
Nützt es mit seiner Schwere,
Wenn Erde auf uns rollt?

Im Winter.
(1832.)

Frühling, kommst du nicht bald wieder.
Schöner Frühling, komm' doch bald,
Daß der Vögel frohe Lieder
Wieder tönen durch den Wald!

Laß' die Hirtin wieder weiden
An der Aue Silberbach;
Sinnend über Leid und Freuden
Folgen ihren Lämmern nach.

Komm' mit deinem Zauberflügel,
Fächle mit der Himmelskraft;
Wand're über Thal und Hügel,
Wecke frischen Lebenssaft.

Daß die Blumen wieder keimen
Aus der Erde kühlem Schooß,
Und die Blätter an den Bäumen
Lustig treiben grün und groß.

In dem milden, sanften Schatten,
Wenn die Abendsonne glüht,
Ruh' ich dann auf Rasenmatten,
Singe der Natur ein Lied.

Deutsch=Amerikanisches Turnerlied.
(Sonntag früh, am 28. Sept. 1873.)

Turner sind gesunde Leute,
Uebung macht die Hände stark!
Jeder Nerv ist Glück und Freude;
Leicht und frisch sind Bein und Mark.

Freier Geist erhebt die Seele,
Lehrte unser Vater Jahn!
Nicht despotische Befehle,
Und der falsche Priesterwahn.

Gott — der Urgeist — gab das Leben,
Bringt ihm Ruhm nach Herzenspflicht!

Weiter vorwärts laßt uns streben,
Hin zum schöner'n, klaren Licht.

Herzen finden Herzen wieder,
Treue Freundschaft löscht nicht aus.
Klingt und tönet Jubellieder
In die weite Welt hinaus! —

Dem Druiden=Orden
hochachtungsvoll dargebracht.
(St. Louis, Missouri, am 28. September 1873.)

Im Bruder=Orden der Druiden,
Zeigt sich stets Lieb' und Harmonie!
Die Seele athmet Gottesfrieden,
In jedem Herz wohnt Poesie.

Der Eintracht Geist weht durch die Haine
Und treibt die rauhen Lüfte fort;
Im traulichfestlichen Vereine,
Tönt jubelnd des Gesang's Accord.

Von Herz zu Herzen zieh'n die Lieder
Und flößen Freuden in's Gemüth!

Ihr Klang ruft sanft den Frühling wieder,
Er kommt gezogen — sproßt und blüht!

Wo Freunde innig sich verbinden,
Verdoppelt sich der Sonne Glanz!
Das Edle kann nur Eingang finden
Beim treugeschloss'nen Sängerkranz!

Es liegt in dem entworf'nen Plane:
Nur Gutes sei von uns gethan;
Zum Himmel schwingt die Sternenfahne!
Niemand von uns verläßt die Bahn.

Durch's Thal der Welt zieh'n wir zusammen,
Gleich ist's, wie sich die Erde dreht,
Wir helfen mit den Liebesflammen,
An jedem Orte, wenn es geht.

Vorwärts zum Licht in voller Stärke,
Der Schwächste bleibe nicht zurück!
Durch thatenreich erhab'ne Werke,
Verschaffen wir der Menschheit Glück.

Der klagende Zeitgeist,
über ungerechte Handlungen des Präsidenten Ulysses Grant.
(Im September 1873.)

Das Herz ist voll, der Kopf ist schwer,
Die Börse aber leicht und leer;
Was soll daraus noch werden?

Wir trachten nicht nach Ueberfluß
Und Präsidenten-Hochgenuß;
Wie er sich zeigt auf Erden.

Grant schreitet fort auf seiner Bahn;
Das Unrecht, was er hat gethan,
Klingt hin von Strand' zu Strande.

Kein Lincoln und kein Washington,
Sitzt er auf seinem Herrscherthron!
Im freien, großen Lande.

Verschwunden ist sein hoher Ruhm,
Arg spielt er mit dem Eigenthum
Und Völkerrecht der Staaten.

Der Weise handelt stets gerecht;
Bescheiden, würdig, stolz und echt,
Sind alle seine Thaten.

Zum dritten Mal soll es gescheh'n,
Das Ungerechte zu erhöh'n!
Ernst spricht Vernunft dagegen.

Der Zeitgeist öffnet seinen Mund
Und wird für's Volk zu jeder Stund'
Die starken Flügel regen!

Meinem hochgeschätzten Gönner,
Herrn Dr. Karl Castelhun
und den werthen Seinigen, herzlich dargebracht.
(St. Louis, Missouri, am 30. Sept. 1873.)

Herr Doktor Karl Castelhun
Mit all' den lieben Seinen!
Wird stets mir im Gedächtniß ruh'n;
Ich weiß, wie gut sie's meinen.

Trank schon bei ihm vom besten Wein
Und saß an seinem Tische;
Kehr' oft noch glücklich bei ihm ein,
Daß ich das Herz erfrische.

Der Sänger, schlicht, hat jederzeit
Nach Hohem nicht getrachtet;

Wenn Freundschaft und Gemüthlichkeit
Nur den Geringsten achtet.

Die Erde würde schöner sein,
Wenn Eitelkeit sich legte;
Bisher war's Arroganz und Schein,
Der unsre Welt bewegte.

Wir hoffen, daß bald hell'res Licht,
Sich überall verbreite;
Der Klang der frohen Harfe spricht:
„Werft allen Prunk bei Seite!"

Als Dichter und Schneider
im Busch begraben.

Verfaßt auf meinem schönbewaldeten Felsenhügel in der kleinen, friedlichen Einsiedlerwohnung, Settlement River aux Vases, St. Genevieve County, Missouri, zwischen den deutschen Niederlassungen: New-Offenburg, New-Bremen und New-Tennessee.

Längst leb' ich still im Busch begraben
Mit meinen Hoffnungsträumen hier;
Nur Wenig wollen Lieder haben,
Mir blüht kein Glück im Waldrevier!

So Manches hab' ich schon gesungen —
Jedoch viel Herzen traf ich nicht!

Weit in die Luft ist es verklungen, —
  Was fragt die Welt nach dem Gedicht?

Mags' fromm sein, ernsthaft oder heiter —
  Die Meisten blicken es kaum an;
Ja, besser hat's fürwahr der Schneider,
  Der sich recht gut ernähren kann.

Doch sing' ich harmlos alle Tage,
  Bis mich einst deckt der Erde Schooß. —
Die Seelenschmerzen die ich trage,
  Werd' ich durch Harfentöne los.

Oft wollte ich schon nicht mehr dichten,
  Und führte nie den Grundsatz aus;
Es ist mit mir nichts auszurichten,
  Ich bin ein viel zu „altes Haus!"

Poetische Skizze aus dem Sängergemüthe gezeichnet in's Familien=
buch meines werthgeschätzten Freundes,

Josef Keppler.
(St. Louis, Missouri, 1872.)

Schon dreiundsechszig Jahr' bin ich geworden,
Die Zeit verging — ich weiß nicht wo sie blieb! —
Niemals frag' ich nach Titel, Stand und Orden,
Nur wahrhaft gute Herzen sind mir lieb!

Lebenserfahrung.

Viel hab' ich in der Welt gesehen,
Und man darf sagen, auch gehört;
Konnt' ich den Hochmuth nicht verstehen,
So bin ich gar nicht eingekehrt.

Die größten Künstler und Gelehrten
Begrüßten mich, wie Kinder thun.
Ein Himmel muß schon hier auf Erden,
In solchen Menschenherzen ruh'n!

Wo Lebensweisheit sich läßt finden,
Wird uns die Sprache doppelt leicht;
Es soll kein Glück bei mir verschwinden,
Was ich bei'm Wandern hab' erreicht.

Meinem Freunde
Ludwig Lewinsohn,
zur herzlichen Erinnerung.
(St. Louis, Missouri, Sept. 1873.)

Vernunft naht sich den rauhen Kreisen nie
  Wo Leidenschaften durch einander wühlen;
Freund Lewinsohn erkennt die Poesie!
  Geschaffen ist sein Herz zum Wiederfühlen.

Weltschmerz
des nichtgelehrten Sängers, bei der Liebe zur Malerei, Musik ꝛc.
(Verfaßt während der Reise nach Amerika auf dem atlantischen Meere
im Herbst 1853.)

Es ist ein Schmerz, das Schöne zu entbehren,
  Wozu Natur uns Fähigkeiten gab;
Im Inner'n wogt ein namenlos Begehren,
  Und dieses drückt uns bis dereinst an's Grab.

Gern senkt' ich wohl mein Lieben und mein Sehnen
  In jedes zarte Herz, durch Harfenklang!
Das Tiefste was wir fühlen ruht in Tönen,
  Weithin — zur Ferne — schwingt sich der Gesang!

Dem Freunde.

Geliebter Freund, ich habe dich verstanden,
 Weiß, daß du rein Gefühl im Busen trägst.
Schon schätzt' ich dich, eh' wir uns Beide fanden,
 Da du zuerst den Werth der Seele wägst.

Die Tage mögen kommen und vergehen,
 Die Zeit sich senken hin in ew'ge Nacht;
Es sollen Lieb' und Wahrheit fortbestehen,
 So lange Gottes Sonn' am Himmel lacht!

Liebe.
(1845.)

So weit die Wolke schwebt, möcht' ich die Arme breiten
 Und schließen jedes Herz der Lieb' an meine Brust!
Der Liebe Flamme wogt dahin durch ew'ge Zeiten,
 Sie bleibt des Sänger's Glück, sein Reichthum, seine Lust.

Die Liebe drückt so froh dem Kind die kleinen Hände,
 Und reicht, von Gluth beseelt, der Unschuld ihren Kuß!
Erhebend lächelt sie im Blick als Himmelsspende,
 Ihr Sehnsuchtstrieb gewährt dem Leben Hochgenuß!

Der Liebe Bild ist zart, schmückt Lippe, Stirn' und
 Wange,
Das Hüttchen wird durch sie ein fürstlicher Palast;
Sie zeigt sich schon bei'm Freund im liebevollen Gange,
Da, wo ihr Zauber thront, flieht jede Seelenlast.

Darum, so lange noch die Sterne dort uns blinken,
 Soll treuer Liebe Gluth, Geist und Gemüth erhöh'n;
Noch liebend wollen wir in's Grab dereinstens sinken,
Die wahre Liebe ist so schön, so wunderschön!.

Wahre Liebe.

Meinen Freunden, den Lehrern Gießeler und Schmalfeld in Eisleben, zur
herzlichen Erinnerung.

Deutsche Volksmelodie: „An der Quelle saß der Knabe ꝛc."

Liebe such' ich, wahre Liebe!
 Freunde, sagt, wo find' ich sie?
Will ihr, was ich habe, geben,
 Ach! und von ihr lassen nie!
Meine Wonn' und meine Schmerzen,
 All' mein Handeln und mein Thun,
Ist nur Lieb' aus vollstem Herzen,
 Liebe läßt mich nimmer ruh'n.

Wandert weiter, Harfenklänge!
Traget Grüße in die Welt;
Hört ihr fröhliche Gesänge!
Dorthin seid auch ihr bestellt.
Bei gemüthvoll heiter'n Seelen,
Lacht der Himmel schön und rein!
Da wird euch das Glück nicht fehlen,
Kehret unbekümmert ein.

Ew'ge Liebe lenkt die Sterne,
Liebe krönet Arm und Reich;
Freudig schwingt sie sich zur Ferne,
Ihr sind alle Menschen gleich.
Gottes Sonnenlicht strahlt prächtig!
Nacht und Wolken zieh'n vorbei;
Durch die Liebe, groß und mächtig,
Wird der letzte Sklave frei!

Hoch woll'n wir das Banner schwingen,
Jederzeit mit fester Hand;
Laßt uns deutsche Lieder singen
Hier im neuen Heimathland!
Liebe such' ich, wahre Liebe!
Freunde sagt, wo find' ich sie?
Will ihr was ich habe geben,
Ach! und von ihr lassen nie!

Sehnsucht.

Blumen von dem schönsten Glanze
Nahm im stillen Thal ich auf;
Webte sie zu einem Kranze
Und ging froh den Berg hinauf.

Schaut' umher mit Sehnsuchtsblicken,
Suchte, wo die Holde wär';
Doch es wollte mir nicht glücken —
Darum ist das Herz mir schwer.

Ach so schwer! — ich kann's nicht sagen;
Tief empfind' ich bitt'res Weh.
Will ihr Bildniß ewig tragen,
Wenn ich sie nicht wiederseh'!

Liebesgluth.

Holdes Mädchen, sieh' mich an!
 Bin dir unaussprechlich gut,
Daß ich es nicht sagen kann;
 Tief im Herzen brennt's wie Gluth!

Sage, bleibst du mir wohl treu?
Bist du nicht wie Viele sind,
Deren Wort verfliegt wie Spreu?
Gieb Bescheid mir, theures Kind.

Trautes Herz, du täuschest nicht!
Deine Augen sind so schön,
Lächeln, gleich dem Sonnenlicht,
Möchte darin untergeh'n.

Liebe stammt aus höh'rer Welt,
Ward von Gott herabgesandt;
Wohnet in dem kleinsten Zelt,
Richtet sich nach keinem Stand.

Ihr sind alle Menschen gleich,
Nimmer blickt sie auf das Kleid,
Fragt nicht erst: „Arm oder Reich?"
Fremd ist Habsucht ihr und Neid.

Holdes Mädchen, sieh' mich an!
Bin dir unaussprechlich gut,
Daß der Blick kaum deuten kann,
Meiner Liebe Herzensgluth.

Deine Augen.

Deine Augen sind zwei Sterne,
  Lächelnd schön wie Sonnenlicht;
Ja, ich schau' hinein so gerne,
  Was ich fühle, weißt du nicht.

Stets bei dir nur möcht' ich weilen,
  Nimmer, Theure, von dir geh'n;
Meinen Liebesschmerz zu heilen,
  Laß mich in dein Auge seh'n!

Herzensgruß.
(1846.)

Vernimm', o Theuerste, die Klagen
  Und leihe gütig mir Gehör.
Kaum läßt der Liebe Schmerz sich tragen,
  In tiefer Brust ruht er so schwer.

Seitdem ich dich nicht mehr gesehen,
  Durchziehe einsam ich das Thal;
Ich klimm' hinauf die Bergeshöhen
  Und rufe dich viel tausend Mal.

Das Echo schickt die Klänge wieder,
 Und nirgends find' ich deine Spur;
Der Blick voll Thränen senkt sich nieder,
 Ich wand're heimwärts durch die Flur.

Den Gruß von Herzen laß mich senden,
 Nimm, was dir meine Seele giebt;
Wie auch sich das Geschick mag wenden,
 Ich habe wahrhaft dich geliebt.

Lebewohl.
(1847.)

Ein Lebewohl! sprech' ich von ganzer Seele,
 Es treibt, o Theure, mich das Schicksal fort.
Als Denkmal nimm, so lange ich dir fehle,
 Von mir der reinsten Liebe Abschiedswort.

Ich bleibe treu, bis wir uns wiedersehen,
 Kein Sturm, kein Ungemach raubt mir dein Bild;
Im tiefen Thale und auf Bergeshöh'n
 Lacht es mir, gleich der Sonne, schön und mild.

Das Auge füllet sich mit heißen Thränen;
 Gefühl treibt sie aus tiefer Brust empor.

Oft werd' ich mich nach dir, Geliebte, sehnen,
Nur du allein bist es, die ich erkor.

Mag auch die Zukunft trübe Stunden bringen,
Am Himmel tröstend strahlt der Hoffnung Stern!
Ein heilig Band wird uns dereinst umschlingen,
Und dann, dann bin ich niemals von dir fern.

Beim Blumensuchen

einer hochgeschätzten Freundin, zur bleibenden Erinnerung herzlich dargebracht.
(Missouri, 1854.)

Meiner Freundin zu Gefallen,
    Blümlein, pflück' ich euch so gern!
Ihr soll dieses Lied erschallen,
    Sie bleibt meines Lebens Stern.

Bin ihr, ach, so gut von Herzen,
    Mich verwundete ihr Blick;
In der Brust glüh'n Sehnsuchtsschmerzen,
    Kaum ertrag' ich das Geschick.

Freundin, wo ich leb' auf Erden,
    Bis zum Tode bin ich dein!
Und darf ich nicht glücklich werden,
    Theure, dann gedenke mein.

Noch dereinst am Lebensende,
Ruht dein Bildniß im Gemüth;
Wie sich auch mein Pfad noch wende,
Wärmste Lieb' im Herzen glüht.

Dich, ja dich vergeſſ' ich nimmer,
Bleibſt mir unausſprechlich werth!
Zur Erinn'rung ſei auf immer,
Dieſes Sträußchen dir verehrt.

Bei der Abreiſe nach Amerika,
einer mir unvergeßlichen, lieben Freundin in Berlin, zur unauslöſchlichen
und freundlichen Erinnerung.
(Am 8. Auguſt 1853.)

Du warſt mir lieb und wirſt es bleiben,
Ja, Freundin, dir gehört mein Herz!
Es läßt ſich das Gefühl nicht ſchreiben,
Zur Ferne geh' ich nur mit Schmerz.

Ich wand're hin von Ort' zu Orte,
Ein Engel leite dein Geſchick!
Die Thränen, es ſind Liebesworte,
Zum Himmel richtet ſich der Blick.

Ich wünſche, daß aus heil'gen Höhen
Dir freundlich Gottes Sonne glüht!

Leb' wohl, recht wohl, auf Wiedersehen!
Dein Bildniß ruhet im Gemüth.

Schön kehre jeder Tag dir wieder,
Und bringe Freuden ohne Zahl!
Weit über's Meer send' ich noch Lieder
Und grüße dich viel tausend Mal.

Viel tausend Blümlein.
(Am 26. März 1869.)

Viel tausend Blümlein für die Welt,
Erheben sich im Herzensfeld.
  Es sind die Lieder ernst und froh!
  Sie suchen Freunde irgendwo.

Und sind auf ihrer Pilgerfahrt,
Die Wege oftmals rauh und hart,
  Sie wandern weiter mit Geduld,
  Auf Niemand legen sie die Schuld.

Begegnet ihnen ein Gemüth
In welchem Wonn' und Liebe glüht,
  Dann sprechen sie: „Freund, nimm uns auf!
  Durch Dornen ging oft unser Lauf."

Als Gäste kehren sie dann ein
Und finden Alles zart und fein!
Gern blieben sie an diesem Ort,
Doch, ach! sie müssen weiter fort!

Gemüthsklänge.

bei Rückerinnerung an verschwund'ne schöne Stunden, der harmlos-glücklichen Jugend vom Verfasser zur Erheiterung dargebracht.

(Am 13. Mai 1872.)

So lange sich das Herz bewegt,
Und Ein Gedanke sich noch regt,
Bewahr' ich im Gemüth dein Bild,
Stern meines Lebens, sanft und mild!

Treu in den Arm schließ' ich dich ein;
Sollst meine Wonn' auf immer sein!
An deiner Hand weicht jede Qual;
Begleite mich durch's Erdenthal.

Die Liebe ist der Sonne gleich,
Sie macht die Herzen überreich!
Ihr heller Strahl, als Himmelslicht,
Zeigt sich, wenn's Auge freundlich spricht.

Mit frohem, seligem Gefühl,
Sucht treue Lieb' ein klein Asyl;
Ein Engel Gottes schützt das Zelt,
Wir sind die Glücklichsten der Welt.

Die Lieb' ist eine Blume.

Die Lieb' ist eine Blume
Die sich bescheiden neigt;
Sie zittert sanft, wenn stürmend
Der kalte Zorn sich zeigt.

Sie thront auf Bergeshöhen,
Und prangt im tiefen Thal;
Ihr zarter Duft ist Lind'rung
Für uns're Herzensqual.

Wahrhafte, reine Liebe,
Bist innigtreu verwandt
Mit frommen Engeln Gottes,
Gern reich' ich dir die Hand!

Im Leben und im Tode
Will ich dein Eigen sein;
Begleite mich als Blume
Durch Nacht und Sonnenschein!

Meinem Freunde und Collegen
Ferdinand Winter,
zu seinem Geburtstage aus vollem Gemüthe zur herzlichen Erinnerung.
(St. Louis, Missouri, am 22. April 1873.)

Freund Winter, uns're Frühlingszeit,
  Sehr bald ging sie verloren!
Wir Beide sind von hier soweit,
  Dort über'm Meer geboren.

Im deutschen, lieben Vaterland,
  Hört' ich die Vögel singen;
Weil's Herz daran viel Freude fand,
  Ließ ich selbst Lieder klingen.

Dem Freund und seinem Töchterlein,
  Soll laut ein „H o c h!" ertönen;
Sie wird den Vater, zart und fein
  Mit Blumen herzlich krönen.

Der Weise schaut mit freiem Blick
  In's Leben ohne Sorgen;
Oft kehre dieser Tag zurück,
  Glück bringe jeder Morgen!

Meinem Freunde und Gesinnungsgenossen
Daniel Bitter
zur herzlichen Erinnerung.
(St. Louis, Missouri, am 4. Oktober 1873.)

Freund Daniel Bitter,
Kein schwarz Gewitter
  Raubt uns den Muth.

Wir wandern heiter,
Durch's Leben weiter,
  Und meinen's gut!

Es kann nicht fehlen,
Wenn treue Seelen
  Sich ganz versteh'n.

Bei zarten Frauen,
Sich zu erbauen,
  Ist wunderschön!

Sie fächeln Schmerzen
Aus tiefem Herzen,
  Mit sanfter Hand.

Es sind die Triebe
Der wahren Liebe,
  Mit Gott verwandt.

Des Volkes Stimme,

als selbstverschuldete Weltstrafe der Frau Hariet Beecher Stowe.
(Im November 1869.)

> Motto:
> „Die Beecher Stowe hat mit den erbleichten Gebeinen eines todten Dichters den Zapfenstreich des Satans geschlagen." Mobile Tribune.

Dein Ruhm, Frau Beecher Stowe,
  Siehst, wie er dich verließ;
Ergreif' die Garderobe
  Und wand're nach Paris.

Napoleon der Dritte,
  Nimmt dich mit Freuden auf;
Gehörst in dessen Mitte,
  Schreib' seinen Lebenslauf.

Brauchst nur gleich ihm zu handeln,
  Er ist ein Jesuit,
Darfst dann durch Rosen wandeln
  Im Palast Schritt auf Schritt.

Wirst nirgends gern geduldet,
  Dein Glücksstern zog vorbei;
Hast es allein verschuldet
  Durch arge Klatscherei.

Vernimm das Weltgetöse,
 Es ist dein hart Geschick;
Lord Byron's Würd' und Größe,
 Faßt nicht dein schwacher Blick.

Was dein Gedank' im Hohne
 Zurechtgekünstelt hat,
Raubt aus der Lorbeerkrone
 Des Sängers nicht ein Blatt.

Sollst dich mit Ehrfurcht neigen,
 An seiner stillen Gruft;
Wirst niemals seines Gleichen,
 Schau' in die weite Kluft.

Trägst bei dem Splitterrichten
 Wohl selbst am Balken schwer?
Wirf deine Schmähgeschichten
 Hinab — in's tiefste Meer!

Durch alle Völkerherzen
 Wogt Byron's Liederklang!
Bei Freuden — und bei Schmerzen —
 Erhebt uns sein Gesang.

Wir woll'n nicht Frauen schmähen
 Die fein sind — und gelehrt;

Doch, wenn sie stolz sich blähen,
Verliert ihr Seelenwerth.

Es kämpft durch Schwerteshiebe
Ihr Arm nicht im Gefecht;
Sie wirken nur mit Liebe
Auf's männliche Geschlecht.

Wenn's Weibchen mit den Lippen,
Aus voller Seele spricht,
Beachten wir die Klippen
Die uns umthürmen nicht!

Wir trachten nicht nach Golde,
Wenn hell ihr Auge lacht;
Ja, jede sanfte Holde
Verscheucht die Lebensnacht!

Bei'm wilden Kriegsgefechte,
Verwaltet sie das Haus;
Wir gönnen ihr die Rechte
Und zieh'n in's Feld hinaus.

Gesangesmacht.
(1850.)

Im Liede ruhen Gottesflammen,
Sie dringen in die Seele warm;
Die Herzen schmelzen sie zusammen
Und stärken selbst den schwachen Arm.

Es macht das Lied den Feind erzittern,
Wenn es heranbraust gleich der Fluth;
Ja, noch bei Sturm und Ungewittern,
Erfüllt es unf're Brust mit Muth.

Und will die Hoffnung schon entschwinden,
Drückt schwerer Gram die wunde Brust:
Gesang kann Alles überwinden,
Er flößt in's Leben neue Lust.

Hinweg von uns, ihr finster'n Grillen!
Entfliehet vor der Töne Kraft;
Sie giebt dem Sänger freien Willen,
Daß er die Sorgen von sich schafft.

So laßt uns denn mit Liebe singen,
Sei's trübe oder sei es hell!
Die Saiten sollen froh erklingen
Und nie versiegt der Liederquell.

Inhalts-Verzeichniß.

Seite.

Vorwort	3
Widmung	7
An die Kritiker	8
Gedanken über Entstehung der Sprachen und die Moses-Schöpfung	9
Frühlings-Abend	12
An Gott	15
Vernunftglaube	16
Der im unbegrenzten Weltall schaffende große Geist Gottes	17
Dem Schöpfer	18
Jesuiten	19
Jesuiten überall	20
Die Glocke der Natur	21
Bei der Todesnachricht Alexander von Humboldt's	22
An Vatterode und seine Umgebungen	23
Am Grabe meines Vaters	24
Der Gedanke am Grabe meiner Mutter	25
An das Bäumchen auf dem Grabe meines Bruders	26
Meiner kleinen entschlafenen Schwester	27
Herrn Dr. W. Z.	28
Louis Napoleon	28
Bei der Todesnachricht Louis Napoleons	32
Uebermuth und Herzensklage	33
An Jenny Lind	34
Die Lieder	34
Der Dichterin H. N.	35
Frühlingsbilder des Gemüths	37
Wiederhall	38
Festgedicht	39
Freundschaftslied	41
Liebe und Freundschaft	43
Unionsgesang	45

	Seite.
Jubelklänge	48
Neues Freundschaftslied	50
Das Courthaus-Gebäude in Warrenton, Missouri	51
Kleines Gesellschaftslied	52
Jacob M. Grün's Weinkeller	53
Meine Wünsche	56
Das Bild der Liebe	56
Im Hain	58
Im Winter	59
Deutsch-Amerikanisches Turnerlied	60
Dem Druiden-Orden	61
Der klagende Zeitgeist	63
Herrn Dr. Karl Castelhun	64
Als Dichter und Schneider im Busch begraben	65
An Josef Keppler	67
Lebenserfahrung	67
An L. Lewinsohn	68
Weltschmerz	68
Dem Freunde	69
Liebe	69
Wahre Liebe	70
Sehnsucht	72
Liebesgluth	72
Deine Augen	74
Herzensgruß	74
Lebewohl	75
Beim Blumensuchen	76
Bei der Abreise nach Amerika	77
Viel tausend Blümlein	78
Gemüthsklänge	79
Die Lieb' ist eine Blume	80
Meinem Freunde Ferdinand Winter	81
An Daniel Bitter	82
Des Volkes Stimme	83
Gesangesmacht	86